초등학생을 위한

미리내 국어

책임집필 황종일

1·1

책임집필 황종일

고려대학교 졸업, 現 독서활동연구소 소장, 現 책읽기와 글쓰기 리딩엠 / (주)리딩엠 대표이사

〈주요저서〉

서울대생 13인의 초등시기 독서이력 '초등시기 나는 이렇게 책을 읽었다' (엮음)

초등학생을 위한 갈래별 글쓰기

독서활동 학습지 'why? 과학' 편 시리즈 1권 ~ 5권

초등학생을 위한 미리내 국어

연구 및 집필에 함께 한 분들

교재연구 및 개발팀장 **현민형**

조효순 숭의초등학교교사

황순영 해송초등학교교사

주명희 소사초등학교교사

구혜령 당하초등학교교사

김선민 서울대학교교육학과

(※집필진 소속은 최초 연구 집필과 발행시 기준임)

초등학생을 위한
미리내 국어

펴낸이 : 황종일

연구개발 : 현민형, 조효순, 황순영, 주명희, 구혜령, 김선민

펴낸곳 : (주)리딩엠

주소 : 서울특별시 서초구 고무래로10길 27 주호빌딩 4층 (주)리딩엠 본사

초판발행 : 2011년 1월 10일 | 2쇄발행 : 2012년 4월 10일 | 3쇄발행 : 2016년 3월 17일 | 4쇄발행 : 2018년 11월 1일

구입문의 : 전화 02)537-2248 | 팩스 02)2646-8825

디자인 : 기명진, design86 김서형

본문삽화 : 노신영

출판등록번호 : 제2010-000074호

홈페이지 : www.readingm.com

이 책을 펴내며

미리내 국어가 쉽고 재미있는 학교 공부가 되도록 하겠습니다.

많은 학부모님들께서 바뀐 초등 국어교과서가 어렵다고 하소연합니다. 아시다시피, 개정 교과서는 한 마디로 수준을 한 단계 높이는 방향으로 개정되었습니다. 지문은 실생활에서 흔히 사용되는 다양한 종류의 글들이 실려 있을 뿐만 아니라, 지문의 길이 또한 많이 길어졌다는 점이 특징입니다. 이는 많은 독서량을 통해 배경지식을 넓혀야 할 뿐만 아니라 많은 어휘를 알고 있어야 한다는 것입니다. 특히 개정 교과서는 문법영역 역시 강조하고 있습니다.

미리내 국어는 초등 교과서에 수록된 어휘와 문장 등을 분석하여 우리 아이가 교과서 지문을 만나기 전 미리 어휘, 문장, 어법, 띄어쓰기, 맞춤법, 관용어(속담, 격언), 일상생활 용어, 문장, 표현 등을 익힐 수 있게 학년별, 학기별로 교과서 내용구성 순서에 맞춰 만들어졌습니다.

미리내 국어는 아이들에게 학교 수업에서 자신감과 흥미를 갖게 하는데 훌륭한 학습서가 될 것입니다. 특히 이 책은 실제 학교 현장에서 지도하고 계시는 선생님들의 경험과 대치동과 목동에서 수년 동안 학생들을 지도했던 경험을 토대로 만들어졌습니다. 따라서 이 교재에는 아이들이 국어 수업을 받을 때 많이 틀리는 부분과 꼭 알아야 할 부분들이 자세하게 실려 있습니다.

아무쪼록 미리내 국어가 초등학교에 진학을 앞둔 아이부터 초등학교 6학년 아이들까지 국어의 즐거움을 만끽하게 하는 디딤돌이 되기를 간절히 희망합니다.

발행인 황종일

미리내 국어 구성과 특징

1 학교에서 수업을 받기 전에 학교 수업에 필요한 필수 어휘와 문법을 미리 학습할 수 있습니다. 한 학기 혹은 한 학년 앞선 국어 학습을 함으로써 국어 능력은 물론 전체 학습 능력을 높이는 데 도움이 됩니다.

2 미리내 국어를 학습하는 것만으로 학교 국어 학습에 필요한 대부분의 어휘와 문법을 배울 수 있도록 구성하였습니다. 한글의 구성 원리에서부터 어휘의 뜻, 어휘들의 의미 관계까지 어휘 학습에 필요한 다양한 내용과 형식의 문제를 출제하였습니다. 특히 학교에서 치르는 맞춤법, 띄어쓰기, 받아쓰기 시험 대비를 집중적으로 할 수 있도록 하였습니다.

3 각 학년에서 반드시 알아야 하는 어휘와 문법을 교과 진도에 따라 구성하였습니다. 그리고 국어 교과서의 각 단원을 두 단계로 나누어 다양한 내용과 형식의 국어 문제를 접할 수 있도록 구성하였습니다.

4 각 단계마다 국어 교과서의 지문을 함께 실었습니다. 교과서 지문 안의 어휘와 문장, 글의 내용을 이해하는 데 필요한 문제로 구성하여 학교 수업에 도움이 되도록 했습니다. 또한 한 학기 혹은 한 학년 앞선 국어 학습을 통해 국어 교과서 선행 학습의 효과도 얻을 수 있습니다.

5 새로 개정된 교과서의 내용에 맞춰 제작되었습니다.

6 학년 수준에 맞춰 내용을 구성하면서도 여러 난이도의 문제를 골고루 배치하여 모든 아이들의 학습 수준을 아우를 수 있도록 하였습니다.

7 어휘와 문법 이외에도 비유적 표현, 속담, 문장의 숨은 뜻 등 문장 이해력을 높일 수 있는 문제 비율을 높였습니다. 교과서 지문과 연계된 문장 이해력 문제를 풀어봄으로써 독해 능력을 향상시킬 수 있도록 하였습니다.

8 전 학년 공통 문제 형식과 학년별 문제 형식을 적절하게 배치하여 아이들이 어려워하지 않고 재미있게 학습할 수 있도록 하였습니다.

1-1 목차

contents

1 배우는 기쁨 (1)

01 자음과 모음

문제 〈보기〉를 잘 보고, 다음 낱말을 만드는 데 필요한 자음과 모음을 써 보세요.

자음과 모음을 합치면 글자가 만들어져요.

| 자음 | ㄱ, ㄴ, ㄷ, ㄹ, ㅁ, ㅂ, ㅅ, ㅇ, ㅈ, ㅊ, ㅋ, ㅌ, ㅍ, ㅎ |
| 모음 | ㅏ, ㅑ, ㅓ, ㅕ, ㅗ, ㅛ, ㅜ, ㅠ, ㅡ, ㅣ |

보기

| 나 | ➡ | 자음 : ㄴ |
| | | 모음 : ㅏ |

1 너 ➡
자음 : ....
모음 : ....

2 배 ➡
자음 : ....
모음 : ....

3 소 ➡
자음 : ....
모음 : ....

문제 같은 낱말끼리 잇고, 소리 내어 읽어 보세요.

1 나 · · 아버지

2 너 · · 어머니

3 우리 · · 가족

4 아버지 · · 나

5 어머니 · · 아기

6 아기 · · 너

7 가족 · · 우리

8 학교 · · 학교

문제 〈보기〉와 같이 주어진 낱말에 들어 있는 자음을 찾아 써 보세요.

| 나무 | 나무의 자음은 'ㄴ'과 'ㅁ' |
| 물 | 물의 자음은 'ㅁ'과 'ㄹ' |

보기

별 ➡ ㅂ ㄹ

1 누

2 소

3 마

4 차

04 받침이 있는 글자 없는 글자

문제 다음 낱말의 받침을 써 보세요.

> **아기** 받침이 없는 글자
>
> **선생님** 받침이 있는 글자. 받침은 ㄴ, ㅇ, ㅁ

1 학교 ➡ 받침 :
....

2 친구 ➡ 받침 :
....

3 빗자루 ➡ 받침 :
....

05 낱말 완성하기

문제 다음 그림을 보고 빠진 자음을 쓰세요.

1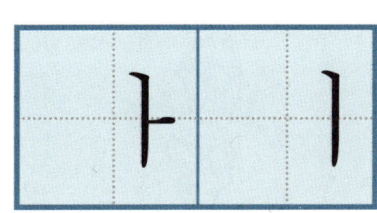

2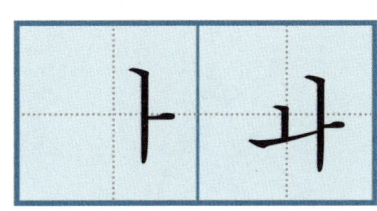

3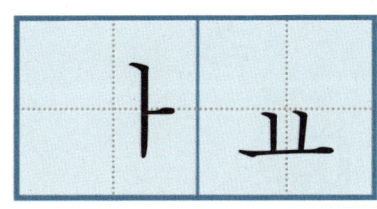

4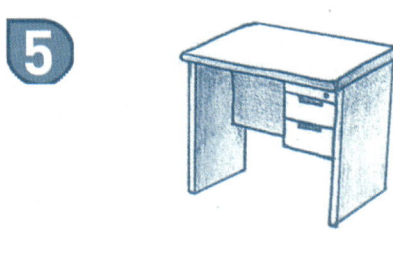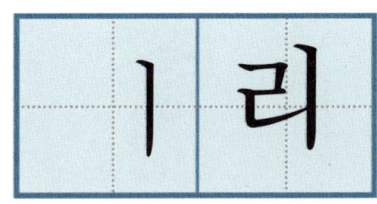

5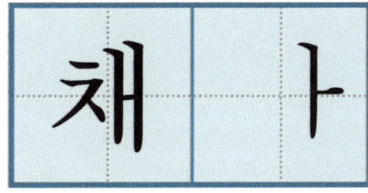

6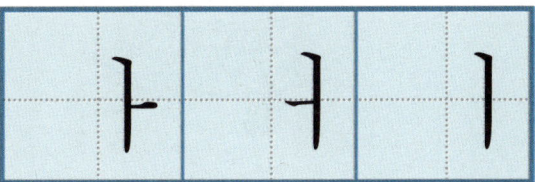

문제 다음 그림을 잘 보고, 그림에 해당하는 운동을 선으로 이어 보세요.

1  • • 농구

2  • • 축구

3  • • 배구

4  • • 수영

5  • • 야구

2 배우는 기쁨 (2)

01~02 | 받침이 있는 글자(1)~(2)

문제 다음 그림을 보고 빠진 자음을 쓰세요.

1  ➡ 꼬

2  ➡ 커퓨터

3  ➡ 저화기

4  ➡ 채

5 ➡ 여피

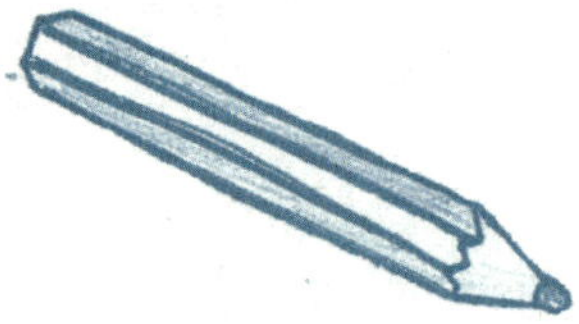

6 ➡ 저시

7 ➡ 하교

8 ➡ 태그기

9 ➡ 치파

10 ➡ 가아지

문제 〈보기〉와 같이 다음 낱말에 들어 있는 모음을 찾아 써 보세요.

| 우리 | 우리의 모음은 'ㅜ'와 'ㅣ' |
| 고구마 | 고구마의 모음은 'ㅗ'와 'ㅜ'와 'ㅏ' |

보기

| 오 | 이 | ➡ | ㅗ | ㅣ |

1 바구니 ➡

2 오늘 ➡

3 방석 ➡

4 제비 ➡

04 낱말 만들기

문제 ⟨보기⟩와 같이 다음 모음이 들어간 낱말을 써 보세요.

보기

ㅜ ➡ | 우 | 유 | 또는 | 꿀 |

1 ㅗ ➡

2 ㅓ ➡

3 ㅣ ➡

4 ㅛ ➡

문제 아래 그림을 보고 학교에 있는 물건들의 이름을 써 보세요.

1

2

3

4

5

6

문제 다음 그림을 잘 보고, 그림에 해당하는 곤충의 이름을 선으로 이어 보세요.

1 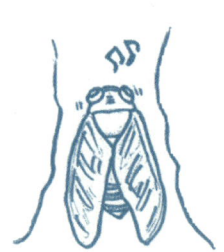   •   • 나비

2    •   • 매미

3    •   • 개미

4    •   • 꿀벌

5    •   • 메뚜기

3 이렇게 생각해요 (1)

01 낱말 만들기 (1)

문제 다음 설명을 잘 읽고, 표의 빈칸에 알맞은 낱말을 쓰세요.

> 자음자와 모음자가 합쳐지면 글자가 만들어져요.
>
> 예) 나 : ㄴ + ㅏ

	ㅏ	ㅑ	ㅓ	ㅕ	ㅗ	ㅛ	ㅜ	ㅠ	ㅡ	ㅣ
ㄱ	가	갸		겨	고	교	구	규	그	기
ㄴ	나	냐	너	녀	노	뇨	누		느	니
ㄷ	다		더	뎌	도	됴	두	듀	드	디
ㄹ	라	랴	러	려		료	루	류	르	리

낱말 만들기 (2)

문제 표의 빈칸에 알맞은 낱말을 쓰세요.

	ㅏ	ㅑ	ㅓ	ㅕ	ㅗ	ㅛ	ㅜ	ㅠ	ㅡ	ㅣ
ㅁ	마	먀	머		모	묘	무	뮤	므	미
ㅂ	바	뱌	버	벼	보	뵤	부	뷰	브	
ㅅ		샤	서	셔	소	쇼	수	슈	스	시
ㅇ	아	야	어	여	오		우	유	으	이
ㅈ	자		저	져	조	죠	주	쥬	즈	지
ㅊ	차	챠	처	쳐	초	쵸		츄	츠	치
ㅋ	카	캬	커	켜	코	쿄	쿠		크	키
ㅌ		탸	터	텨	토	툐	투	튜	트	티
ㅍ	파		퍼	펴	포	표	푸	퓨	프	피
ㅎ	하	햐	허	혀	호		후	휴	흐	히

받침을 넣으면 새로운 글자가 만들어져요.

예)　차　➡　창

　　파　➡　팔

문제　〈보기〉와 같이 받침을 넣어서 새로운 낱말을 만들어 보세요.

보기

가　➡　강

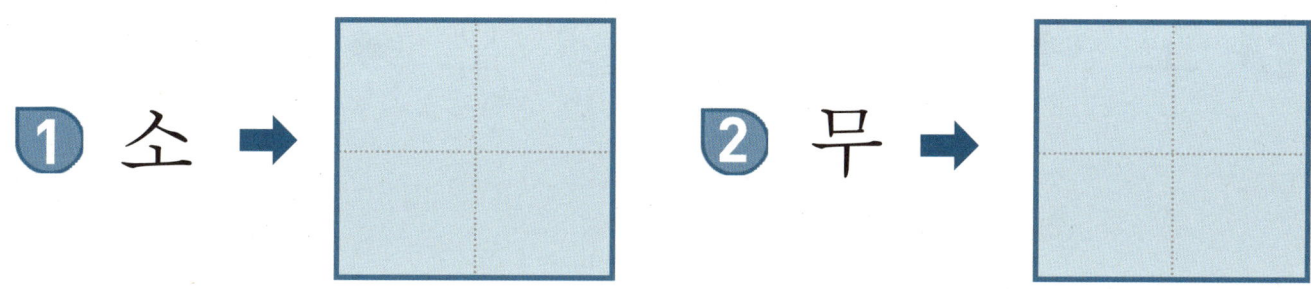

1 소　➡　

2 무　➡　

3 바　➡　

4 코　➡

5 이 ➡

6 여 ➡

7 기 ➡

8 사 ➡

9 고 ➡

10 오 ➡

11 도 ➡

12 채 ➡

문제 다음 그림을 잘 보고, 동물들의 이름을 써 보세요.

1

2

3

4

5

6

7

문제 다음 그림을 잘 보고, 그림에 해당하는 계절을 선으로 이어 보세요.

1    •   • 겨울

2    •   • 봄

3    •   • 가을

4    •   • 여름

4 이렇게 생각해요 (2)

01~02 | 낱말 만들기 (1)~(2)

문제 다음 설명과 〈보기〉를 잘 보고, 자음과 모음을 골라서 낱말을 만들어 보세요.

자음과 모음을 합치면 글자가 만들어져요.

| 자음 | ㄱ, ㄴ, ㄷ, ㄹ, ㅁ, ㅂ, ㅅ, ㅇ, ㅈ, ㅊ, ㅋ, ㅌ, ㅍ, ㅎ |
| 모음 | ㅏ, ㅑ, ㅓ, ㅕ, ㅗ, ㅛ, ㅜ, ㅠ, ㅡ, ㅣ |

보기

ㄴ + ㅏ ➡ 나

ㅁ + ㅜ + ㄹ ➡ 물

1 ⬜ ➡ ⬜

2 ⬜ ➡ ⬜

3 ⬜ ➡ ⬜

4 ⬜ ➡ ⬜

5 ⬜ ➡ ⬜

6 ⬜ ➡ ⬜

7 ⬜ ➡ ⬜

문제 주어진 낱말에 받침을 넣어서 새로운 낱말을 만들어 보세요.

보기

| 파 | ➡ | 팔 |

1 무 ➡

2 소 ➡

3 자 ➡

4 차 ➡

5 사 ➡

문제 다음 낱말들을 소리 내어 읽은 후 빈칸에 옮겨 쓰세요.

보기

우리 ➡ 우 리

1 기뻐요 ➡

2 휴지 ➡

3 차표 ➡

4 보름달 ➡

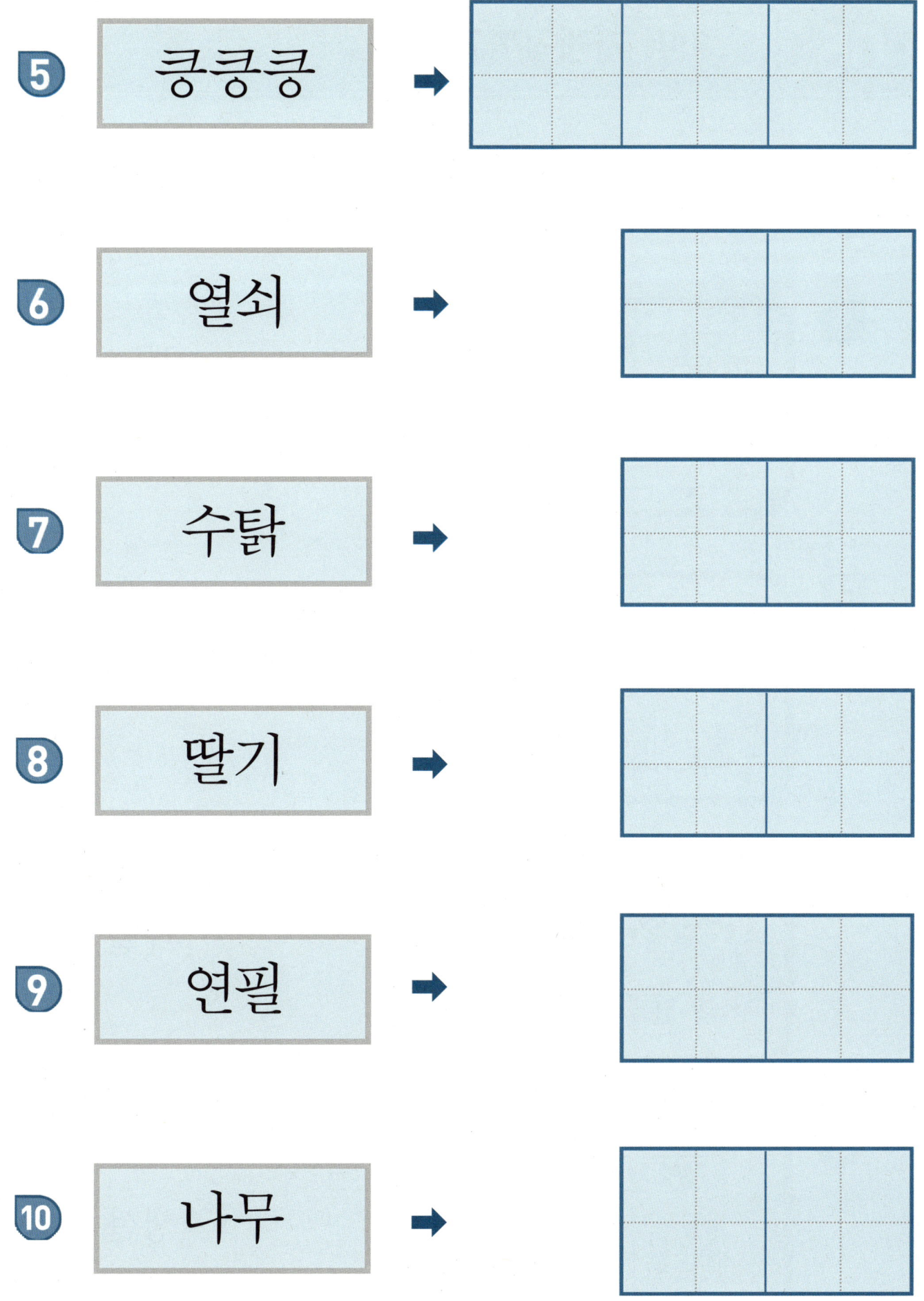

5 콩콩콩 ➡

6 열쇠 ➡

7 수탉 ➡

8 딸기 ➡

9 연필 ➡

10 나무 ➡

 어떤 가게일까?

문제 그림에 나와 있는 가게들은 무엇을 파는 곳일까요? 가게에서 파는 물건들을 선으로 이어 보세요.

1 　　　•　　　　　•　책

2 　　　•　　　　　•　연필

3 　　　•　　　　　•　과일

4 　　　•　　　　　•　생선

5 마음을 나누며 (1)

01 과일의 이름

문제 다음 그림을 잘 보고, 과일의 이름을 써 보세요.

1 →

2 →

3 →

4 →

5 →

02 채소의 이름

문제 다음 그림을 잘 보고, 채소의 이름을 써 보세요.

1

2

3

4

5

03

문제 민주는 알림장에 미술 준비물을 적어 왔습니다. 틀린 낱말을 바르게 고쳐 쓰세요.

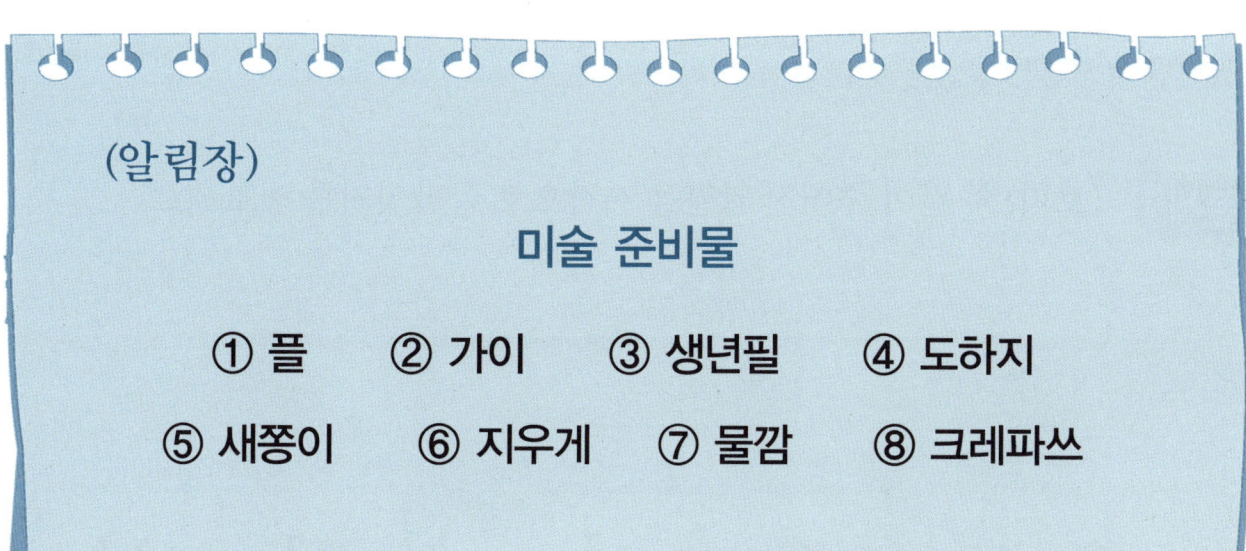

(알림장)

미술 준비물

① 플   ② 가이   ③ 생년필   ④ 도하지

⑤ 새쫑이   ⑥ 지우게   ⑦ 물깜   ⑧ 크레파쓰

1 플 ➡ ....

2 가이 ➡ ....

3 생년필 ➡ ....

4 도하지 ➡ ....

5 새쫑이 ➡ ....

6 지우게 ➡ ....

7 물깜 ➡ ....

8 크레파쓰 ➡ ....

끝말잇기는 앞에 나온 낱말의 맨 끝 글자로 시작하는 새로운 낱말을 말하면서 이어나가는 놀이예요.

문제 〈보기〉와 같이 주어진 낱말을 시작으로 끝말잇기를 해보세요.

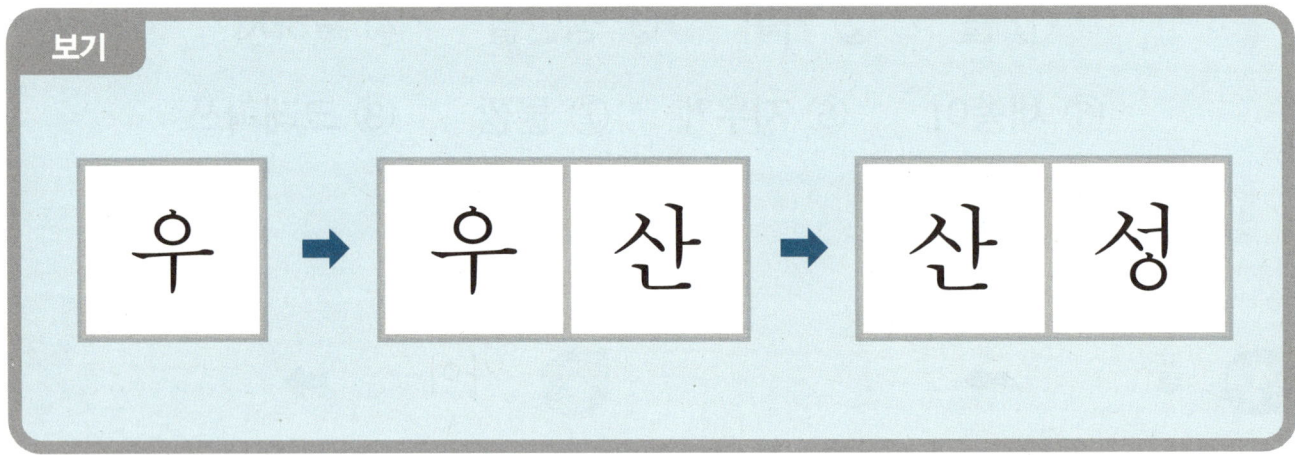

보기

우 → 우 산 → 산 성

1

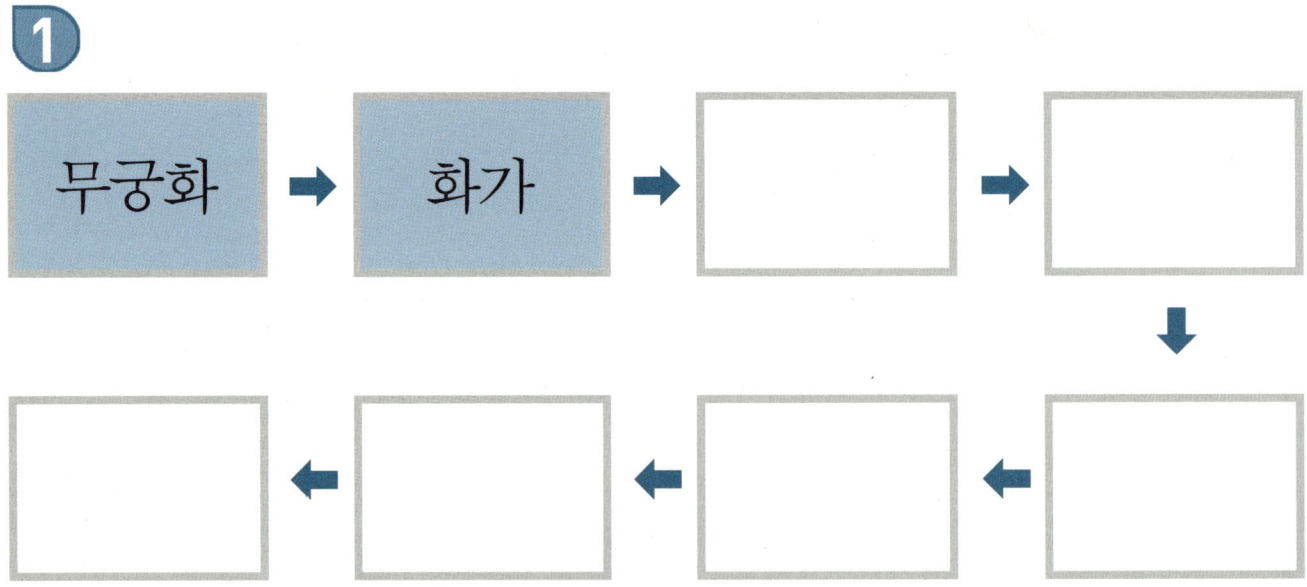

무궁화 → 화가 → ☐ → ☐

2

옷장 ➡ 장사 ➡ ⬜ ➡ ⬜

⬜ ⬅ ⬜ ⬅ ⬜ ⬅ ⬜

3

과수원 ➡ 원숭이 ➡ ⬜ ➡ ⬜

⬜ ⬅ ⬜ ⬅ ⬜ ⬅ ⬜

4

전화 ➡ 화장 ➡ ⬜ ➡ ⬜

⬜ ⬅ ⬜ ⬅ ⬜ ⬅ ⬜

문제 글자들이 순서 없이 어질러져 있네요. 글자들을 순서대로 정리해서 낱말을 만들어 보세요.

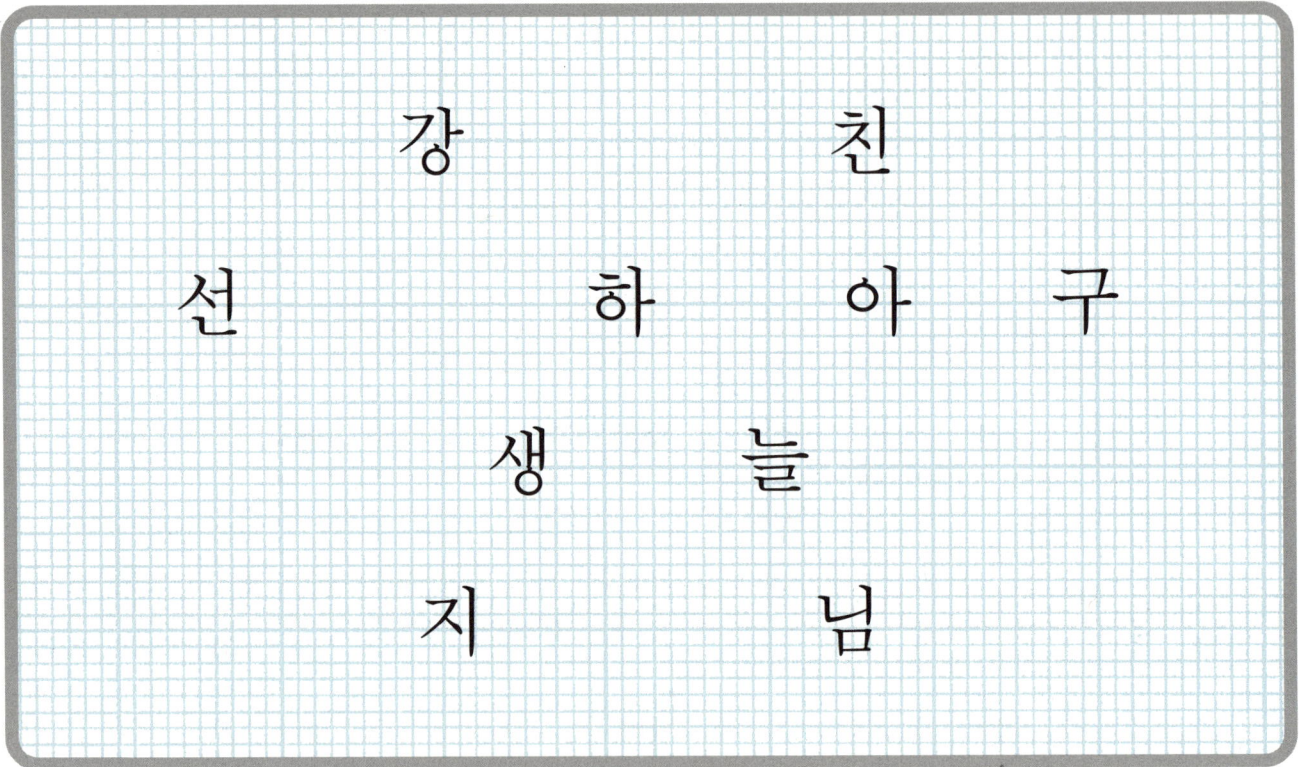

1 두 글자 낱말

➡ ....

2 세 글자 낱말

➡ ....

6 마음을 나누며 (2)

문제 〈보기〉를 잘 보고, 밑줄 친 낱말을 바르게 고쳐 쓰세요.

보기

원숭이가 <u>줄넘끼</u>를 하고 있습니다.

➡ **줄넘기**

1 새 신을 <u>신꼬</u> 뛰어보자!

➡ ....

2 강아지가 토끼를 <u>따라감니다.</u>

➡ ....

3 친구들과 운동장에서 <u>노랐씀니다.</u>

➡ ....

4 동생과 **가치** 사이좋게 놀아요.

➡ ....

5 **옌날**에 토끼 형제가 살았습니다.

➡ ....

6 다람이가 손을 **씨서요.**

➡ ....

7 **맛인는** 밥을 먹습니다.

➡ ....

8 밥을 먹고 난 후에는 이를 **따까요.**

➡ ....

9 길가에 **꼬치** 참 많습니다.

➡ ....

10 나는 파란색을 **조아함니다.**

➡ ....

03 기분을 나타내는 말

그림의 표정을 잘 보고, 표정과 어울리는 기분을 나타내는 말을 〈보기〉
에서 찾아 쓰세요.

보기

기뻐요   화나요   부끄러워요

슬퍼요   놀랐어요

1 ➡

2 ➡

3 ➡

4 ➡

5 ➡

04 인사말

문제 다음 글을 잘 읽고, 어울리는 인사말을 선으로 이어 보세요.

1 학교에 갈 때   •   • 고마워.

2 밥을 먹기 전에   •   • 안녕하세요.

3 부모님께 용돈을 받았을 때 •   • 안녕, 또 보자.

4 친구에게 선물을 받았을 때 •   • 잘 먹겠습니다.

5 친구와 헤어질 때   •   • 다녀오겠습니다.

6 선생님을 만났을 때   •   • 감사합니다.

바르게 고쳐 쓰기

문제 다음 글을 잘 읽고, 밑줄 친 낱말을 바르게 고쳐 쓰세요.

기철이랑 놀이터에서 놀다가 너무 ㉠ 늦께 집에 가서 어머니께 꾸중을 들었습니다. 어머니께서 ㉡ 숙재도 ㉢ 만은데 언제 다 할 거냐고 하시면서 화를 ㉣ 내셨습니다. 다음부터는 늦지 ㉤ 않케 집에 와야겠습니다.

1 ㉠ 늦께 ➡

....

2 ㉡ 숙재 ➡

....

3 ㉢ 만은데 ➡

....

4 ㉣ 내셨습니다 ➡

....

5 ㉤ 않케 ➡

....

06 거리로 나갔어요

문제 거리에 나가면 여러 가지를 볼 수 있어요. 그림을 잘 보고, 거리에서 볼 수 있는 것들의 이름을 써 보세요.

1 ▼

2 ▲

3 ◀

4 ▲

01~02 끝말잇기 (1)~(2)

끝말잇기는 앞에 나온 낱말의 맨 끝 글자로 시작하는 새로운 낱말을 말하면서 이어나가는 놀이예요.

문제 〈보기〉와 같이 주어진 낱말을 시작으로 끝말잇기를 해보세요.

보기

| 우 | → | 우 | 산 | → | 산 | 성 |

1

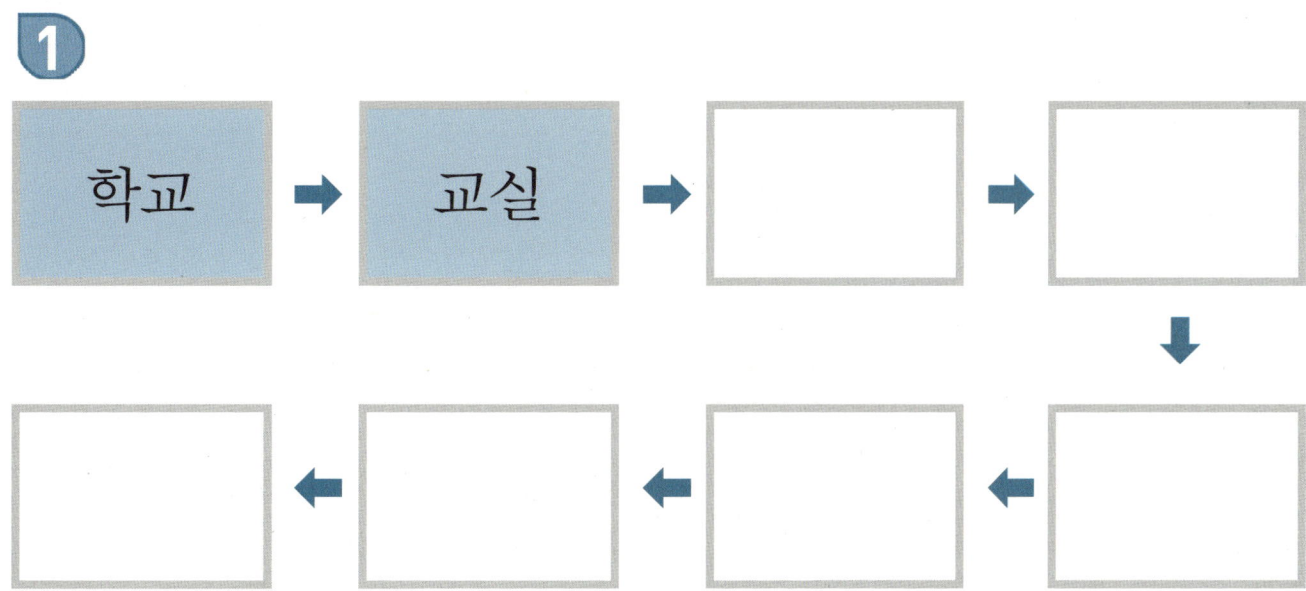

2

과자 ➡ 자전거 ➡ [　] ➡ [　]

⬇

[　] ⬅ [　] ⬅ [　] ⬅ [　]

3

바다 ➡ 다리미 ➡ [　] ➡ [　]

⬇

[　] ⬅ [　] ⬅ [　] ⬅ [　]

4

풍선 ➡ 선풍기 ➡ [　] ➡ [　]

⬇

[　] ⬅ [　] ⬅ [　] ⬅ [　]

03 개수를 셀 때 쓰는 말

 **문제** 빈칸에 들어갈 알맞은 낱말을 〈보기〉에서 찾아 쓰세요.

보기

마리 : 동물이나 물고기, 벌레를 셀 때 쓰는 말.

명 : 사람을 셀 때 쓰는 말.

권 : 책을 셀 때 쓰는 말.

자루 : 연필을 셀 때 쓰는 말.

그루 : 나무를 셀 때 쓰는 말.

개 : 물건을 셀 때 쓰는 말.

1 친구 세 (   )　　**2** 곰 세 (   )

3 책 다섯 (   )　　**4** 연필 한 (   )

5 풍선 열 (   )　　**6** 나무 한 (   )

기분을 나타내는 말

문제 다음 글을 잘 읽고, 어떤 기분이 들지 생각해서 기분을 나타내는 말을 〈보기〉에서 찾아 써 보세요.

보기

기뻐요　　화나요　　편안해요

슬퍼요　　무서워요

1 내가 달리기 경주에서 1등을 했어요.

➡

....

2 동생이 감기에 걸려서 많이 아파요.

➡

....

3 친구가 나를 바보라고 놀렸어요.

➡

....

4 사납게 생긴 커다란 개가 나를 보고 있어요.

➡

....

5 푹신한 침대에 누워 있어요.

➡

....

05

문장부호

.	온점	문장 끝에 씁니다.
!	느낌표	느낌을 나타내는 문장 끝에 씁니다.
,	반점	문장을 짧게 끊어서 읽을 때 씁니다.
?	물음표	묻는 문장 끝에 씁니다.

문제 빈칸에 알맞은 문장 부호를 쓰세요.

1 이가 아파요 ☐

2 샘아 ☐ 목말라 죽겠어 ☐

3 다른 친구들은 어쩌지 ☐

4 옳지 ☐ 내가 그걸 몰랐구나 ☐

5 꽃이 참 예쁘구나 ☐

06 나는 누구일까요?

문제 다섯 고개에 나온 힌트를 잘 보고, '나' 가 누구일지 맞혀 보세요.

한 고개: 나는 단단한 쇠로 만들어졌어요.

두 고개: 나는 네 개의 동그란 다리를 가지고 있어요.

세 고개: 나는 네 개의 동그란 다리로 아주 빨리 달릴 수 있어요.

네 고개: 나는 도로 위에서만 달릴 수 있어요.

다섯 고개: 나는 신나게 달릴 때마다 부릉부릉 소리를 내요.

✴ 나는 누구일까요?

➡ ....

8 아, 재미있구나 (2)

01~02 | 흉내 내는 말(1)~(2)

문제 빈칸에 들어갈 흉내 내는 말을 〈보기〉에서 찾아 쓰세요.

보기

엉금엉금   빙글빙글   데굴데굴   꾸벅꾸벅   뭉게뭉게
송알송알   뾰족뾰족   아장아장   뒤뚱뒤뚱   깡충깡충

1 손을 잡고 (   ) 돌아요.

2 오리가 (   ) 걸어가요.

3 고슴도치의 가시가 (   ) 해요.

4 아기가 (   ) 걸어가요.

5 동생이 (   ) 졸고 있어요.

6 공이 (   ) 굴러가요.

7 거북이가 (   ) 기어가요.

8 토끼가 (   ) 뛰어가요.

9 이마에 땀이 (   ) 맺혔어요.

10 굴뚝에서 연기가 (   ) 올라와요.

 **03~04** 날씨를 나타내는 말 (1)~(2)

문제 〈그림〉의 날씨와 어울리는 낱말을 〈보기〉에서 찾아 쓰세요.

보기

맑았다　비　흐렸다　개었다　더웠다

눈　추웠다　안개　따뜻했다　바람

1

오늘은 하루 종일 ⬜ 이 내렸다.

2

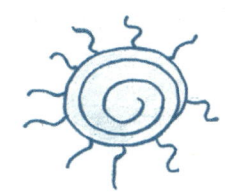

봄이 와서 참 ⬜⬜⬜⬜ .

3

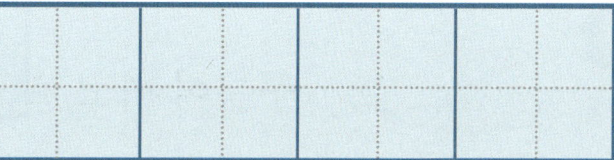

아침엔 흐렸는데 낮에는 해가 뜨면서

날씨가 ⬜⬜⬜ .

4 겨울이라서 참 ⬚⬚⬚ .

5 해가 쨍쨍 비치며 ⬚⬚⬚ .

6 ⬚⬚ 가 껴서 잘 보이지 않았다.

7 ⬚⬚ 이 씽씽 불었다.

8 구름이 끼고 ⬚⬚⬚ .

9 장마에는 ⬚ 가 많이 내린다.

10 여름이라서 참 ⬚⬚⬚ .

문제 빈칸에 들어갈 알맞은 낱말을 〈보기〉에서 찾아 쓰세요.

보기

월요일　　화요일　　수요일

목요일　　금요일　　<u>토요일</u>　　일요일

1 월요일의 다음 날은 (　　　　　　　　　　) 입니다.

2 목요일의 전날은 (　　　　　　　　　　) 입니다.

3 토요일의 다음 날은 (　　　　　　　　　　) 입니다.

4 화요일의 전날은 (　　　　　　　　　　) 입니다.

5 금요일의 다음 날은 (　　　　　　　　　　) 입니다.

6 수요일의 전날은 (　　　　　　　　　　) 입니다.

06

어떤 낱말일까?

문제 글자들이 순서 없이 어질러져 있네요. 글자들을 순서대로 정리해서 낱말을 만들어 보세요.

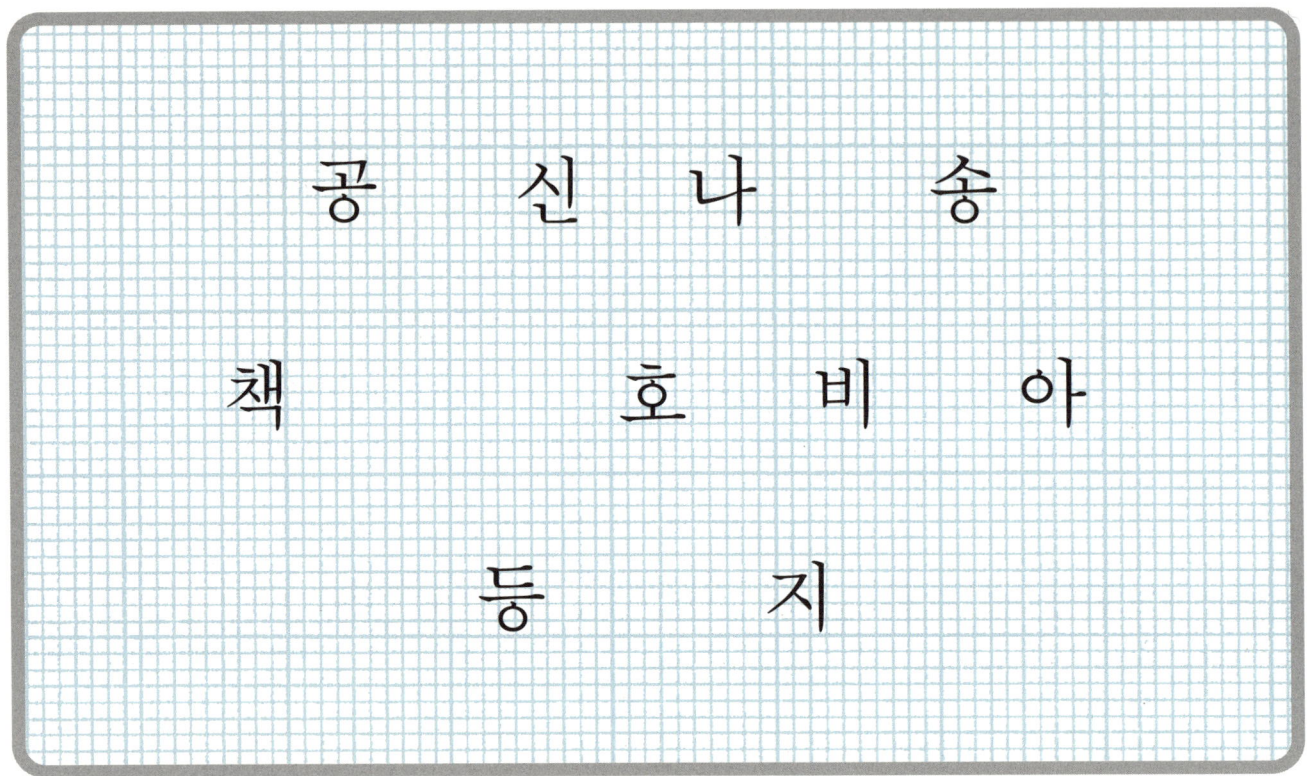

공　　신　나　　송

책　　　　호　비　아

등　　　지

1 두 글자 낱말

➡ ....

2 세 글자 낱말

➡ ....

9 생각을 펼쳐요 (1)

01 시간과 장소를 나타내는 말

문제 빈칸에 들어갈 알맞은 낱말을 〈보기〉에서 찾아 쓰세요.

보기

아침   밤   오후   학교   가게

1 (   ) 에서 공부를 해요.

2 과자를 사러 (   ) 에 갔어요.

3 (   ) 에 일어나서 세수를 해요.

4 (   ) 이 되면 하늘에 달과 별이 떠요.

5 낮 12시가 지나서 (   ) 가 됐어요.

02 직업을 나타내는 말

문제 빈칸에 들어갈 알맞은 낱말을 〈보기〉에서 찾아 쓰세요.

보기

의사	소방관	군인
가수	선생님	화가

1 학생들을 가르치시는 (   ).

2 멋진 그림을 그리는 (   ).

3 나라를 지키는 (   ).

4 노래를 잘 부르는 (   ).

5 불을 끄고 사람을 구하는 (   ).

6 아픈 사람을 치료하는 (   ).

03 우리 몸

문제 그림을 잘 보고, 빈칸에 들어갈 알맞은 낱말을 〈보기〉에서 찾아 쓰세요.

보기

> 목   머리   팔   배
>
> 손   다리   발

나의 몸

1 (   )

5 (   )

6 (   )

2 (   )

3 (   )

7 (   )

4 (   )

문제 그림을 잘 보고, 빈칸에 들어갈 알맞은 낱말을 〈보기〉에서 찾아 쓰세요.

| 귀 | 이마 | 입 |
| 코 | 눈썹 | 눈 |

나의 얼굴

1 (　　　　)

2 (　　　　　　)

3 (　　　　)

4 (　　　　　)

5 (　　　　)

6 (　　　　)

문제 다음 글을 잘 읽고 문제를 풀어 보세요.

> 희영이와 원호는 ㉠ 사이조은 친구였습니다.
>
> 쉬는 시간에 화장실에 가려던 희영이는 원호의 ㉡ 책쌍 위에 있던 필통을 ㉢ 실쑤로 떨어뜨리고 말았습니다.
>
> 원호는 희영이에게 크게 화를 ㉣ 내씁니다.

1 ㉠ ~ ㉣을 바르게 고쳐 쓰세요.

㉠ 사이조은 ➡ ....

㉡ 책쌍 ➡ ....

㉢ 실쑤 ➡ ....

㉣ 내씁니다 ➡ ....

2 희영이와 원호가 서로 화해하는 말을 써 보세요.

희영 ➡ ....

원호 ➡ ....

문제 글자들이 순서 없이 어질러져 있네요. 글자들을 순서대로 정리해서 낱말을 만들어 보세요.

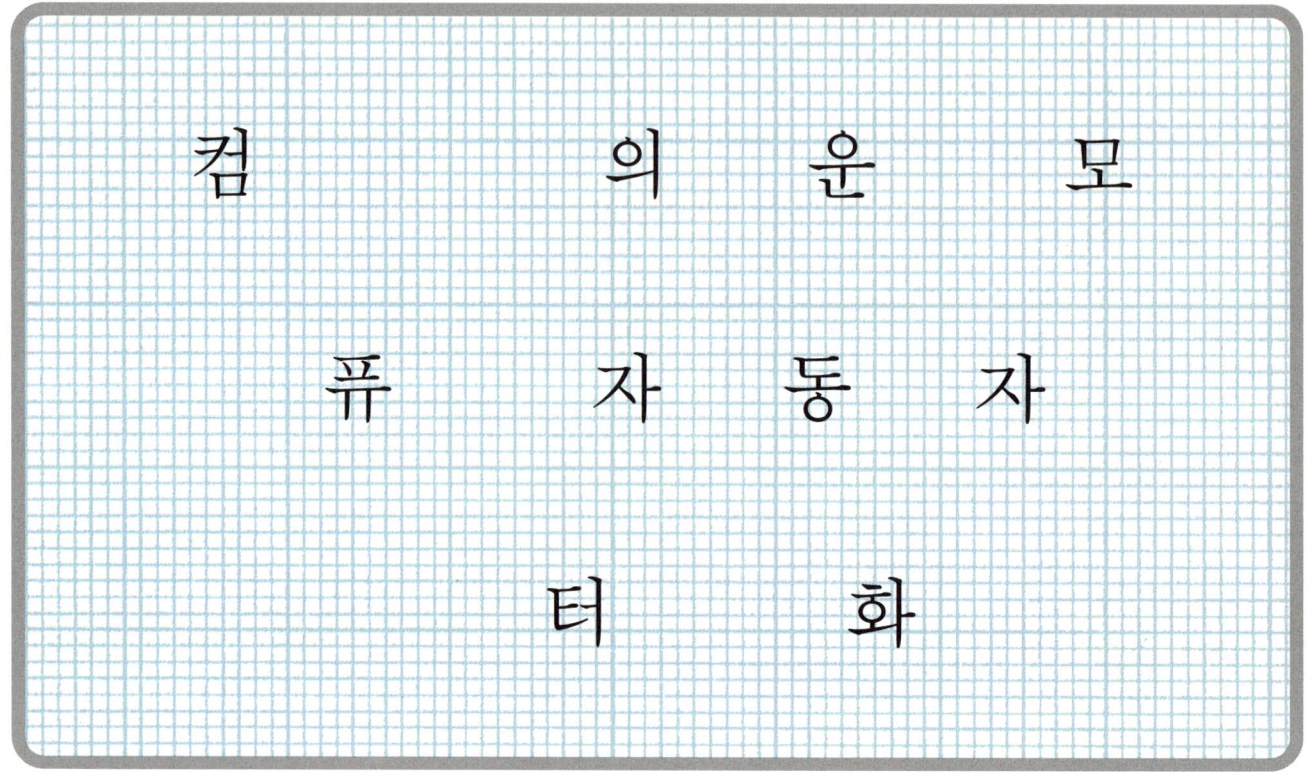

컴　　　의　운　모

퓨　자　동　자

터　　　화

1 두 글자 낱말

➡ ....

2 세 글자 낱말

➡ ....

10 생각을 펼쳐요 (2)

01 반대말

문제 밑줄 친 낱말과 뜻이 반대되는 낱말을 〈보기〉에서 찾아 쓰세요.

보기

적다	오다	낮다	밑

1 집에 <u>가다</u>.   ➡ ....

2 하늘이 <u>높다</u>.   ➡ ....

3 사람이 <u>많다</u>.   ➡ ....

4 책상 <u>위</u>에 책이 있다.   ➡ ....

02 어울리는 말

문제 빈칸에 들어갈 알맞은 말을 〈보기〉에서 찾아 쓰세요.

보기

부르다   입다   열다   켜다
잡다   풀다   마시다

1 목이 말라서 물을 (   ).

2 국어 문제를 (   ).

3 내 방의 문을 (   ).

4 친구의 손을 (   ).

5 예쁜 옷을 (   ).

6 촛불을 (   ).

7 큰 목소리로 노래를 (   ).

문제 밑줄 친 낱말을 바르게 고쳐 쓰세요.

1 네 <u>공첵</u>이 복도에 떨어져 있더라.

➡ ....

2 <u>도와져서</u> 정말 고마워.

➡ ....

3 달리기를 할 때 기철이가 나보다 더 <u>빨르잖아.</u>

➡ ....

4 친구와 다투었으면 <u>화헤</u>합니다.

➡ ....

5 네 도움이 없었다면 난 <u>사냥군</u>에게 잡혀갔을 거야.

➡ ....

6 나는 딸기를 <u>조아해요.</u>

➡ ....

문제 다음 글을 읽고 물음에 답하세요.

어느 날 여우가 호랑이네 집에 놀러 갔습니다. 그런데 호랑이는 보이지 않고 식탁에 맛있는 음식이 가득 차려져 있었습니다. ㉠마침 배가 고팠던 여우는 음식을 허겁지겁 먹기 시작했습니다. 음식을 거의 다 먹어 갈 무렵, 호랑이가 오는 소리가 들렸습니다. 여우는 얼른 수풀 속으로 몸을 숨겼습니다. 하지만 꼬리가 보여 호랑이에게 들키고 말았습니다.

1 여우는 무엇 때문에 호랑이에게 들키고 말았나요?

① 다리   ② 꼬리   ③ 머리

2 ㉠에서 여우가 음식을 먹는 모습을 흉내 낸 말은 무엇인가요?

① 허겁지겁

② 고팠던

③ 먹기

문제 다음 글을 읽고 물음에 답하세요.

어느 날 여우와 호랑이, 친구들은 ㉠한자리에 모이게 되었습니다. 고슴도치가 호랑이에게 말하였습니다.

"함정에 빠진 너를 여우가 구해 주었던 일을 생각해 봐."

이번에는 토끼가 여우에게 말하였습니다.

"사냥꾼에게 쫓기던 너를 호랑이가 구해 준 일도 있었잖아."

여우와 호랑이는 친구들의 말을 듣고 지난날을 떠올리게 되었습니다.

3 '동물을 잡기 위해서 땅바닥에 판 구덩이' 를 뜻하는 두 글자 낱말을 글에서 찾아 쓰세요.

....

4 ㉠과 뜻이 비슷한 낱말을 고르세요.

① 넓은 자리

② 높은 자리

③ 같은 자리

06 어떤 낱말일까?

문제 글자들이 순서 없이 어질러져 있네요. 글자들을 순서대로 정리해서 낱말을 만들어 보세요.

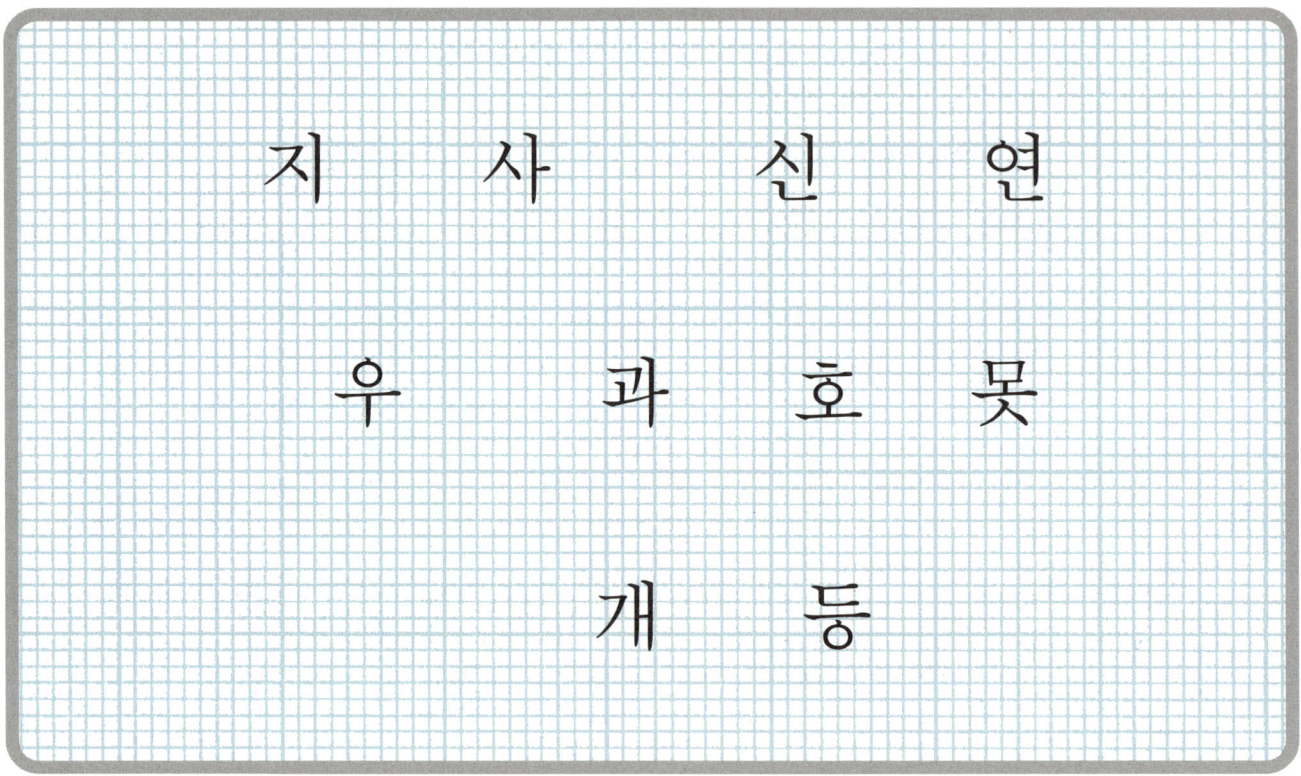

지   사   신   연

우   과   호   못

개   등

1 두 글자 낱말

➡ ....

2 세 글자 낱말

➡ ....

11 느낌이 솔솔 (1)

01~02 | 반대말 (1)~(2)

문제 밑줄 친 낱말과 뜻이 반대되는 낱말을 〈보기〉에서 찾아 쓰세요.

보기

> 풀다   내려가다   닫다   싫어하다   신다
>
> 차갑다   끄다   느리다   춥다   작다

1 기차가 자동차보다 <u>빠르다</u>.   ➡ ....

2 뚜껑을 <u>열다</u>.   ➡ ....

3 기둥에 끈을 <u>묶다</u>.   ➡ ....

4 집에 와서 신발을 <u>벗다</u>. ➡ ....

5 정전이 돼서 촛불을 <u>켜다</u>. ➡ ....

6 동철이는 키가 <u>크다</u>. ➡ ....

7 물이 아주 <u>뜨겁다</u>. ➡ ....

8 아이스크림을 <u>좋아하다</u>. ➡ ....

9 날씨가 <u>덥다</u>. ➡ ....

10 사다리 위로 <u>올라가다</u>. ➡ ....

 다음 글을 잘 읽고, 문제를 풀어 보세요.

누구를 만날까요

남정숙 작사 이성동 작곡

개울가로 가 봐요

누구를 만날까요

뒤뚱뒤뚱 (꽈악꽈악) 오 - 리

팔짝팔짝 (개굴개굴) 개구리

숲속으로 가 봐요

누구를 만날까요

팔랑팔랑 나뭇잎

오물오물 다람쥐

1 위의 노래에서 모양을 흥내 내는 말은 무엇인가요?

➡

2 위의 노래에서 소리를 흥내 내는 말은 무엇인가요?

➡

04 흉내 내는 말 (2)

문제 빈칸에 들어갈 알맞은 흉내 내는 말을 〈보기〉에서 찾아 쓰세요.

보기

쓱쓱   살래살래   대롱대롱

폴짝폴짝   쨍쨍

1 햇볕이 (   ) 내리쬐는 바닷가에서 놀았어요.

2 고양이가 꼬리를 (   ) 흔들고 있었어요.

3 수건으로 얼굴을 (   ) 닦았어요.

4 감나무에 감이 (   ) 매달려 있어요.

5 개구리가 (   ) 뛰어가요.

05 교과서 읽기

문제 다음 글을 읽고 물음에 답하세요.

8월 1일 맑음

㉠ 늦잠을 잤다. 그래서 과학관에 못 가는 줄 알았다.

과학관에는 ㉡ 싱기한 물건이 참 많았다. 그런데 로봇은 움직이지 않았다. 기분이 좋지 않았다.

집에 돌아오는데 너무 더웠다. 집에 와서 옷을 벗고 목욕을 하였다.

목욕을 하면서 장난감 물고기와 펭귄도 씻어 주었다. 목욕을 하니 기분이 정말 좋았다.

1 과학관에 간 '나'는 왜 기분이 좋지 않았나요?

① 과학관 안이 너무 더워서

② 로봇이 움직이지 않아서

③ 목욕을 할 수 없어서

2 ㉠과 ㉡을 바르게 고쳐 쓰세요.

㉠ 늦잠 ➡

㉡ 싱기한 ➡

06 어떤 낱말일까?

문제 글자들이 순서 없이 어질러져 있네요. 글자들을 순서대로 정리해서
낱말을 만들어 보세요.

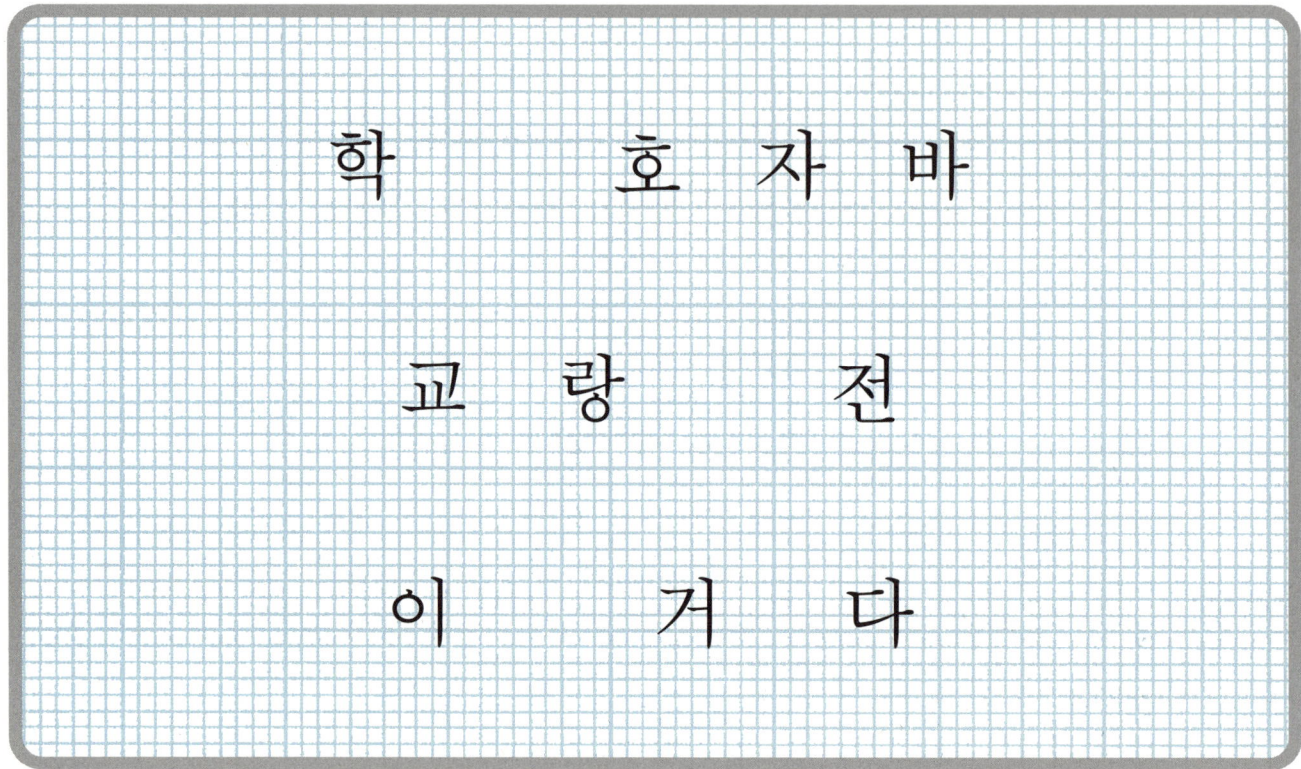

1 두 글자 낱말

➡

....

2 세 글자 낱말

➡

....

12 느낌이 솔솔 (2)

01 바르게 고쳐 쓰기

문제 다음 문장에서 밑줄 친 낱말을 바르게 고쳐 쓰세요.

1 공공장소에서는 <u>**질써**</u>를 잘 지킵니다.

➡ ....

2 몸을 씻지 <u>**안으면**</u> 몸에서 냄새가 납니다.

➡ ....

3 친구의 좋은 점을 <u>**친찬**</u>하겠습니다.

➡ ....

4 어머니께서 <u>**마신는**</u> 과일을 사오셨어요.

➡ ....

5 의자에 바른 자세로 <u>**안자요.**</u>

➡ ....

02 띄어쓰기

문제 〈보기〉와 같이 띄어 써야 할 곳에 V표 하세요.

보기

내가 ^V 연필을 ^V 빌려 ^V 줄게.

1 맛있게잘먹겠습니다.

2 친구와함께학교에갔습니다.

3 더알고싶은것은책에서찾아봅니다.

4 연필과지우개를필통속에넣었습니다.

5 동혁이는가족들의숟가락과젓가락을나란히놓았습니다.

Ⅰ. 자연스러운 문장

문제 〈보기〉를 잘 보고, 자연스러운 문장이 되도록 빈칸에 들어갈 알맞은 낱말을 고르세요.

보기

선생님께서 (   ) 내주셨습니다.

① 숙제가   ② 숙제에서   ③ 숙제를

1 기철이가 (   ) 마셨습니다.

① 물이   ② 물을   ③ 물에서

2 (   ) 수풀 속으로 몸을 숨겼습니다.

① 여우가   ② 여우를   ③ 여우에게

3 태종이는 (   ) 열었습니다.

① 문이   ② 문을   ③ 문에서

맞춤법에 맞게 쓴 낱말

문제 바르게 쓴 낱말에 O표 하세요.

1 (복도 / 복또) 에서 쿵쾅쿵쾅 뛰어다니면 안 돼요.

2 다 읽은 책은 (책꼬지 / 책꽂이) 에 꽂아요.

3 우산 끈을 (묶꼬 / 묶고) 우산꽂이에 놓아요.

4 옷을 벗어서 (옷걸이 / 옷거리) 에 걸어요.

5 다 쓴 (색연필 / 생연필) 을 필통 안에 넣었어요.

6 어머니께서 (된장찌게 / 된장찌개) 를 끓여 주셨어요.

7 밥을 다 먹고 (설거지 / 설겆지) 를 했습니다.

05 받아쓰기

문제 선생님이 불러 주시는 낱말을 잘 듣고 빈칸에 쓰세요.

1 아버지께서 나를 (   ) 바라보셨습니다.

2 손은 자연스럽게 (   ) 위에 놓습니다.

3 가슴과 허리를 (   ) 폅니다.

4 여우는 음식을 (   ) 먹기 시작했습니다.

5 다툰 친구와 (   )를 하겠습니다.

6 공공장소의 물건을 (   ) 다룹니다.

7 (   ) 하고 돌아오면 꼭 손을 씻어야 돼요.

06 이 공의 이름은 무엇일까요?

문제 다음 그림을 잘 보고, 그림에 해당하는 공의 이름을 선으로 이어 보세요.

1  · 　　　 · 축구공

2  · 　　　 · 배구공

3  · 　　　 · 야구공

4  · 　　　 · 농구공

초등학생을 위한

미리내 국어

정답과
선생님 지도

.... 교과서 어휘
.... 받아쓰기
.... 맞춤법
.... 띄어쓰기
.... 문장쓰기
...... 원고지사용법

새교육
과정

학교에서 국어수업을 하기 전에 미리 공부하는 교재
우리 아이들의 기초체력을 키워주는 미리 만나는 교재

1·1

정답과 선생님 지도

미리내국어 1-1

> 문제에 대한 설명이나 선생님이 알아야 할 내용을 '선생님 지도'에 실었습니다.

1 배우는 기쁨(1) | 9쪽

1. 자음과 모음

(1) 자음 : ㄴ / 모음 : ㅓ
(2) 자음 : ㅂ / 모음 : ㅐ
(3) 자음 : ㅅ / 모음 : ㅗ

2. 같은 낱말 찾기

(1) 나 - 나
(2) 너 - 너
(3) 우리 - 우리
(4) 아버지 - 아버지
(5) 어머니 - 어머니
(6) 아기 - 아기
(7) 가족 - 가족
(8) 학교 - 학교

3. 자음자 알기

(1) ㄴ
(2) ㅅ
(3) ㅁ
(4) ㅊ

4. 받침이 있는 글자 없는 글자

(1) ㄱ
(2) ㄴ
(3) ㅅ

선생님 지도

받침 자리에는 항상 자음만 올 수 있습니다. 따라서 받침이 있는 글자의 구조는 '자음 + 모음 + 자음'이 됩니다.

5. 낱말 완성하기

(1) ㅂ, ㅈ — 바 지
(2) ㅈ, ㅇ, ㅎ — 장 화
(3) ㅎ, ㄱ, ㄱ — 학 교
(4) ㄱ, ㄴ — 기 린
(5) ㄱ, ㅅ, ㅇ — 책 상
(6) ㅎ, ㄹ, ㅁ, ㄴ — 할 머 니

6. 어떤 운동일까?

(1) 축구
(2) 야구
(3) 농구
(4) 수영
(5) 배구

2 배우는 기쁨(2)

1~2. 받침이 있는 글자 (1)~(2)

(1) ㅊ | 꽃
(2) ㅁ | 컴퓨터
(3) ㄴ | 전화기
(4) ㄱ | 책
(5) ㄴ, ㄹ | 연필
(6) ㅂ | 접시
(7) ㄱ | 학교
(8) ㄱ | 태극기
(9) ㄹ, ㄴ | 칠판
(10) ㅇ | 강아지

3. 모음자 알기

(1) ㅏ, ㅜ, ㅣ
(2) ㅗ, ㅡ
(3) ㅏ, ㅓ
(4) ㅔ, ㅣ

4. 낱말 만들기

(1) 소, 공, 포도, 호빵 등
(2) 연, 미역, 연꽃, 연필, 멸치 등
(3) 길, 이불, 바지, 비누 등
(4) 학교, 교실, 요금, 담요 등

> **선생님 지도**
>
> 글자 수에 관계없이 주어진 모음이 들어간 낱말을 쓰면 정답입니다.

5. 즐거운 학교

(1) 책
(2) 의자
(3) 나무
(4) 칠판
(5) 컴퓨터
(6) 그네

6. 어떤 곤충일까?

(1) 매미
(2) 메뚜기
(3) 꿀벌
(4) 개미
(5) 나비

3 이렇게 생각해요 (1)

1. 낱말 만들기 (1)

답 : 거, 뉴, 댜, 로

	ㅏ	ㅑ	ㅓ	ㅕ	ㅗ	ㅛ	ㅜ	ㅠ	ㅡ	ㅣ
ㄱ	가	갸	거	겨	고	교	구	규	그	기
ㄴ	나	냐	너	녀	노	뇨	누	뉴	느	니
ㄷ	다	댜	더	뎌	도	됴	두	듀	드	디
ㄹ	라	랴	러	려	로	료	루	류	르	리

2. 낱말 만들기 (2)

답 : 며, 비, 사, 요, 쟈, 추, 큐, 타, 퍄, 효

	ㅏ	ㅑ	ㅓ	ㅕ	ㅗ	ㅛ	ㅜ	ㅠ	ㅡ	ㅣ
ㅁ	마	먀	머	며	모	묘	무	뮤	므	미
ㅂ	바	뱌	버	벼	보	뵤	부	뷰	브	비
ㅅ	사	샤	서	셔	소	쇼	수	슈	스	시
ㅇ	아	야	어	여	오	요	우	유	으	이
ㅈ	자	쟈	저	져	조	죠	주	쥬	즈	지

ㅊ	차	챠	처	쳐	초	쵸	추	츄	츠	치
ㅋ	카	캬	커	켜	코	쿄	쿠	큐	크	키
ㅌ	타	탸	터	텨	토	툐	투	튜	트	티
ㅍ	파	퍄	퍼	펴	포	표	푸	퓨	프	피
ㅎ	하	햐	허	혀	호	효	후	휴	흐	히

3~4. 받침이 있는 글자 (1)~(2)

(1) 속, 손, 솔(구둣솔), 솜(솜이불)

(2) 묵(도토리묵), 문, 물, 뭍

(3) 박(조롱박), 발, 밤, 밥, 밭, 방, 밖

(4) 콩

(5) 일, 입

(6) 역(기차역), 연(방패연), 열(10), 엿, 옅

(7) 길, 김, 깃(깃털)

(8) 산, 살(피부), 삼(3), 삽, 상(책상), 삯

(9) 곧, 골(GOAL), 곰, 공

(10) 옥(옥구슬), 옷, 옻

(11) 독(독사), 돈, 돌, 동(금속), 돛

(12) 책

선생님 지도

받침이 있는 글자 중에서 뜻을 가지고 있는 글자와 뜻을 가지고 있지 않은 글자를 구분해 줍니다.

5. 동물의 이름

(1) 오리

(2) 코끼리

(3) 개구리

(4) 하마

(5) 사자

(6) 제비

(7) 여우

6. 어떤 계절일까?

(1) 가을

(2) 여름

(3) 봄

(4) 겨울

4 이렇게 생각해요 (2) | 27쪽

1~2. 낱말 만들기 (1)~(2)

(1) ~ (7) 주어진 자음과 모음을 가지고 만들 수 있는 낱말의 수는 매우 많습니다. 글자 수에 관계없이 적절한 낱말을 만들어 쓰면 정답입니다.

선생님 지도

아이들이 만든 낱말들 중에서 뜻을 가지고 있는 낱말과 뜻을 가지고 있지 않은 낱말을 구분해 줍니다.

3. 낱말 만들기 (3)

(1) 묵(도토리묵), 문, 물, 뭍

(2) 속, 손, 솔(구둣솔), 솜(솜이불)

(3) 잔(찻잔), 잠, 잣

(4) 찬(반찬), 참, 창

(5) 산, 살(피부), 삼(3), 삽, 상(책상), 삯

선생님 지도

받침이 있는 글자 중에서 뜻을 가지고 있는 글자와 뜻을 가지고 있지 않은 글자를 구분해 줍니다.

4~5. 받아쓰기 (1)~(2)

글자는 한 칸에 한 글자씩 씁니다.

6. 어떤 가게일까?

(1) 과일

(2) 연필

(3) 생선

(4) 책

5 마음을 나누며 (1) | 33쪽

1. 과일의 이름

(1) 사과

(2) 딸기

(3) 포도

(4) 복숭아

(5) 배

2. 채소의 이름

(1) 배추

(2) 오이

(3) 호박

(4) 고구마

(5) 양파

3. 바르게 고쳐 쓰기

(1) 풀

(2) 가위

(3) 색연필

(4) 도화지

(5) 색종이

(6) 지우개

(7) 물감

(8) 크레파스

4~5. 끝말잇기 (1)~(2)

> **선생님 지도**
>
> (1)~(4) 앞에 나온 낱말의 끝 글자로 시작하는 낱말을 쓰면 됩니다. 단, 뜻을 가진 낱말이어야 합니다.

6. 어떤 낱말일까?

두 글자 낱말 → 친구, 하늘, 지구

세 글자 낱말 → 강아지, 선생님

6 마음을 나누며 (2) | 39쪽

1~2. 바르게 고쳐 쓰기 (1)~(2)

(1) 신고

(2) 따라갑니다

(3) 놀았습니다

(4) 같이

(5) 옛날

(6) 씻어요

(7) 맛있는

(8) 닦아요

(9) 꽃이

(10) 좋아합니다

3. 기분을 나타내는 말

(1) 기뻐요

(2) 화나요

(3) 부끄러워요

(4) 슬퍼요

(5) 놀랐어요

4. 인사말

(1) 학교에 갈 때 → 다녀오겠습니다.

(2) 밥을 먹기 전에 → 잘 먹겠습니다.

(3) 부모님께 용돈을 받았을 때 → 감사합니다.

(4) 친구에게 선물을 받았을 때 → 고마워.

(5) 친구와 헤어질 때 → 안녕, 또 보자.

(6) 선생님을 만났을 때 → 안녕하세요.

5. 바르게 고쳐 쓰기

(1) 늦게

(2) 숙제

(3) 많은데

(4) 내셨습니다

(5) 않게

6. 거리로 나갔어요

(1) 가로등

(2) 우체통

(3) 횡단보도

(4) 신호등

1~2. 끝말잇기 (1)~(2)

> 🖐 **선생님 지도**
>
> (1)~(4) 앞에 나온 낱말의 끝 글자로 시작하는 낱말을 쓰면 됩니다. 단, 뜻을 가진 낱말이어야 합니다.

3. 개수를 셀 때 쓰는 말

(1) 명
(2) 마리
(3) 권
(4) 자루
(5) 개
(6) 그루

4. 기분을 나타내는 말

(1) 기뻐요
(2) 슬퍼요
(3) 화나요
(4) 무서워요
(5) 편안해요

5. 문장부호

(1) 이가 아파요.(온점)
(2) 샘아,(반점) 목말라 죽겠어.(온점)
(3) 다른 친구들은 어쩌지?(물음표)
(4) 옳지,(반점) 내가 그걸 몰랐구나.(온점)
(5) 꽃이 참 예쁘구나!(느낌표)

> 🖐 **선생님 지도**
>
> (4)~(5) 온점과 마침표 둘 다 정답이 될 수 있습니다.
>
> 옳지, 내가 그걸 몰랐구나.
> 옳지, 내가 그걸 몰랐구나!
>
> 꽃이 참 예쁘구나.
> 꽃이 참 예쁘구나!

6. 나는 누구일까요?

정답 : 자동차(차)

1~2. 흉내 내는 말 (1)~(2)

(1) 빙글빙글
(2) 뒤뚱뒤뚱
(3) 뾰족뾰족
(4) 아장아장
(5) 꾸벅꾸벅
(6) 데굴데굴
(7) 엉금엉금
(8) 깡충깡충
(9) 송알송알
(10) 뭉게뭉게

3~4. 날씨를 나타내는 말 (1)~(2)

(1) 눈
(2) 따뜻했다
(3) 개었다
(4) 추웠다
(5) 맑았다
(6) 안개
(7) 바람
(8) 흐렸다
(9) 비
(10) 더웠다

5. 요일을 나타내는 말

(1) 화요일
(2) 수요일
(3) 일요일
(4) 월요일
(5) 토요일
(6) 화요일

6. 어떤 낱말일까?

두 글자 낱말 → 공책, 나비
세 글자 낱말 → 신호등, 송아지

9 생각을 펼쳐요 (1) | 57쪽

1. 시간과 장소를 나타내는 말

(1) 학교
(2) 가게
(3) 아침
(4) 밤
(5) 오후

> **선생님 지도**
>
> 밤 : 해가 져서 어두워진 때부터 다음 날 해가 떠서 밝아지기 전까지의 동안.
> 오후 : 정오부터 해가 질 때까지의 동안.

2. 직업을 나타내는 말

(1) 선생님
(2) 화가
(3) 군인
(4) 가수
(5) 소방관
(6) 의사

> **선생님 지도**
>
> (2) 화가 : 그림 그리는 것을 직업으로 하는 사람.
> (4) 가수 : 노래 부르는 것이 직업인 사람.

3. 우리 몸

(1) 머리 (2) 배 (3) 다리 (4) 발
(5) 목 (6) 팔 (7) 손

4. 우리 얼굴

(1) 이마 (2) 눈 (3) 눈썹 (4) 입
(5) 귀 (6) 코

5. 바르게 고쳐 쓰기

(1) ㉠ 사이조은 → 사이좋은
　　㉡ 책쌍 → 책상
　　㉢ 실쑤 → 실수
　　㉣ 내씁니다 → 냈습니다

(2) 서로 사과하거나 화해하는 내용의 문장을 쓰면 정답입니다.
예) 희영 → 네 필통을 떨어뜨려서 미안해.
　　원호 → 괜찮아. 나도 화를 내서 미안해.

6. 어떤 낱말일까?

두 글자 낱말 → 의자, 모자, 운동, 동화, 자동
세 글자 낱말 → 컴퓨터, 운동화

10 생각을 펼쳐요 (2) | 63쪽

1. 반대말

(1) 오다
(2) 낮다
(3) 적다
(4) 밑

2. 어울리는 말

(1) 마시다
(2) 풀다
(3) 열다
(4) 잡다
(5) 입다
(6) 켜다
(7) 부르다

3. 바르게 고쳐 쓰기

(1) 공책

(2) 도와줘서

(3) 빠르잖아

(4) 화해

(5) 사냥꾼

(6) 좋아해요

4∼5. 교과서 읽기 (1)∼(2)

(1) ②

(2) ①

(3) 함정

(4) ③

6. 어떤 낱말일까?

두 글자 낱말 → 사과, 연못, 우연

세 글자 낱말 → 지우개, 신호등

> 🖐 선생님 지도
>
> (1) 두 글자 낱말
> 앞이나 뒤에 올 글자 하나를 정하고 나머지 글자들과 조합
> 을 해보면 낱말들을 쉽게 만들 수 있습니다.
>
> (2) 세 글자 낱말
> 이미 만들어진 두 글자 낱말의 앞이나 뒤에 제시된 낱말들
> 을 조합해보면 됩니다.

---

11 느낌이 솔솔 (1) | 69쪽

1∼2. 반대말 (1)∼(2)

(1) 느리다

(2) 닫다

(3) 풀다

(4) 신다

(5) 끄다

(6) 작다

(7) 차갑다

(8) 싫어하다

(9) 춥다

(10) 내려가다

> 🖐 선생님 지도
>
> (4) 신발을 벗다. ↔ 신발을 신다.
>   옷을 벗다. ↔ 옷을 입다.

3. 흉내 내는 말 (1)

(1) 뒤뚱뒤뚱, 팔짝팔짝, 팔랑팔랑, 오물오물

(2) 쏴악쏴악, 개굴개굴

4. 흉내 내는 말 (2)

(1) 쨍쨍

(2) 살래살래

(3) 쓱쓱

(4) 대롱대롱

(5) 폴짝폴짝

5. 교과서 읽기

(1) ②

(2) ㉠ 늦잠 → 늦잠
    ㉡ 싱기한 → 신기한

6. 어떤 낱말일까?

두 글자 낱말 → 학교, 바다, 자랑, 전학, 전자

세 글자 낱말 → 호랑이, 자전거

> 🖐 선생님 지도
>
> (1) 두 글자 낱말
> 앞이나 뒤에 올 글자 하나를 정하고 나머지 글자들과 조합
> 을 해보면 낱말들을 쉽게 만들 수 있습니다.
>
> (2) 세 글자 낱말
> 이미 만들어진 두 글자 낱말의 앞이나 뒤에 제시된 낱말들
> 을 조합해보면 됩니다.

1. 바르게 고쳐 쓰기

(1) 질서

(2) 않으면

(3) 칭찬

(4) 맛있는

(5) 앉아요

2. 띄어쓰기

1. 맛있게 V 잘 V 먹겠습니다.

2. 친구와 V 함께 V 학교에 V 갔습니다.

3. 더 V 알고 V 싶은 V 것은 V 책에서 V 찾아봅니다.

4. 연필과 V 지우개를 V 필통 V 속에 V 넣었습니다.

5. 동혁이는 V 가족들의 V 숟가락과 V 젓가락을 V 나란히 V 놓았습니다.

3. 자연스러운 문장

(1) ②

(2) ①

(3) ②

> 🖐 **선생님 지도**
>
> 주어와 목적어를 넣어서 자연스러운 문장을 만드는 문제입니다. 각 문장 성분이 올바르게 쓰여야 자연스러운 문장이 되고, 올바른 의미 전달이 됩니다. 주어에는 조사 '이/가', 목적어에는 조사 '을/를'이 붙습니다.

4. 맞춤법에 맞게 쓴 낱말

(1) 복도

(2) 책꽂이

(3) 묶고

(4) 옷걸이

(5) 색연필

(6) 된장찌개

(7) 설거지

5. 받아쓰기

(1) 아버지께서 나를 (흐뭇하게) 바라보셨습니다.

(2) 손은 자연스럽게 (무릎) 위에 놓습니다.

(3) 가슴과 허리를 (곧게) 폅니다.

(4) 여우는 음식을 (허겁지겁) 먹기 시작했습니다.

(5) 다툰 친구와 (화해)를 하겠습니다.

(6) 공공장소의 물건을 (소중히) 다룹니다.

(7) (외출)하고 돌아오면 꼭 손을 씻어야 돼요.

6. 이 공의 이름은 무엇일까요?

(1) 야구공

(2) 축구공

(3) 농구공

(4) 배구공